Nuestra Cocina

Una experiencia entre canciones, fuentes, familia y sabores

Alba Mercedes Tavárez

Tavarez, Alba Mercedes
Nuestra cocina : una experiencia entre canciones, fuentes, familia y sabores / Alba Mercedes Tavarez ; editado por Enrique Luis Ruloff. - 1a ed. adaptada. - Olivos : Enrique Luis Ruloff,, 2015.
50 p. ; 22 x 15 cm.

ISBN 978-987-33-8867-5

1. Libro de Recetas. I. Ruloff, Enrique Luis, ed. II. Título.
CDD 641.5

Borges 3247
(1636) Olivos - Buenos Aires
Tel. 54-11-4799-8533
E-mail:enriqueruloff@hotmail.com / fit.director@yahoo.com

Diseño de portada e interior: Daniel Fanderwud
DaF Comunicación Gráfica
dafcg@telecentro.com.ar

Producido en Argentina
Octubre de 2015 por Enrique Luis Ruloff

el águila ediciones

Nuestra Cocina

Tenía solo 12 años cuando mi Tía Viña comenzó a hablarme de su cocina. El apartamento era de mi Tía Fela, pero la cocina de mi Tía Viña. Después de invitarme, me habló con dulzura y cariño, y me dijo: "Si tu vienes aquí después de la escuela, yo te voy a enseñar a cocinar." Ella siempre fue dulce y cariñosa, y a mí me gustaba estar cerca de ella. Así que después de la escuela, yo visitaba a mi tía, y ella me enseñaba a cocina. "Albita," me decía, "así se parten la cebolla y el pimiento para que las habichuelas te queden bien sabrosas, y el sofrito no se encuentre en las habichuelas."

Mas luego, mi mami también me habló de su cocina. "Ven Alba, prueba este arroz con dulce y dime si te gusta. Le falta algo. Está muy dulce, muy soso. Quizás necesita más leche de coco, o especias dulces, o sal, o azúcar. Dame el punto." Uno de los encantos de mi mamá era que la comida que ella cocinaba le gustara a su familia. ¡Que privilegio para mí que mi mami considerara mi gusto! Eso me hacía sentir como una hija muy amada.

Así fue como aprendí a cocinar. Mi papi a veces me hablaba en la cocina. Él era delicado del estómago, y le gustaba el arroz con leche y la maicena. Un día me pidió que le cocinara una maicena. "Alba," me decía, "ten en cuenta que no se empelote. No me gusta encontrar pelotas en la maicena." Él era muy exigente, y yo sabía que si pelaba el plato, era porque le había gustado la maicena.

A través de los años también aprendí la importancia de compartir la cocina. Cuando niña, me acuerdo que mi papi siempre compartía el lechón asado con los vecinos, y mi mami compartía su arroz con dulce. En la cocina de mami comían todos, o no comía nadie. Recuerdos dulces guardo yo del helado de coco, del arroz con dulce, del tembleque y de muchas otras delicias que saboreé de niña. Así desarrollé el buen sabor.

A mi hermana Abilia no le gustaba que nadie la acompañara en su cocina. Si alguien le pedía un chicharrón, ella decía "una pata". No nos compartía los chicharrones, se los comía todos ella.

En mi baúl de memorias, guardo una especial de mi hermana Meriquin. Ella era distinta… muy distinta, a ella le gustaba compartir su cocina. Cuando hacía sopón de camarones, me llamaba y me invitaba para que disfrutara el sopón con ella. También le gustaba mucho la carne, tanto que molía los huesos con sus dientes y se los comía. Cuando yo cocinaba arroz con salchichas, ella se mofaba y cantaba "arroz con chichi me matas".

Hoy que no tengo mi cocina, pienso en aquellos gratos momentos que pasé compartiéndola con los que me visitaban. Días del ayer, cuando mi Tía Viña se empeñaba en servirle a las visitas café acabadito de colar, y cuando había lugar para todos en mi mesa.

También oigo la voz de mi papá diciéndole a mi mami: "Mercedes, aquí te dejo estos dos pesos; y con esos dos pesos comíamos todos en la familia, ¡una muy grande! Éramos doce hijos. Mi mamá no comía sola, ella compartía. Muchos años después de la muerte de mi mami, yo enfermé y no podía cocinar; entonces mi hermana Adin me llevó a su cocina, me alimentó y no morí. Mi hermana Licha también estuvo cerca de la muerte, y la buena cocina la levantó. Recuerdo que mi hermano Dudin solamente una vez me habló en su cocina. Él quería guisar unas habichuelas y no sabía cómo. Me preguntó: "¿Cómo se hace el sofrito para que no se vea en las habichuelas?" Entonces vino a mi memoria lo que mi Tía Viña me había enseñado, y yo se lo pude compartir a mi hermano.

Un Día de las Madres, recibí el regalo más sorprendente de parte de mi nieta Alina. Ella me habló en su cocina, y me preparó un delicioso desayuno. Ella me dijo: "Especialmente para ti, abuelita", y casi lloro de orgullo, porque en muchas ocasiones yo le hablé a ella en mi cocina, y ella me escuchó.

Hoy, sé que no volveré a probar el arroz con dulce y el helado de coco que mi mami me hacía; tampoco saborearé el tembleque que mi Tía Viña me preparaba. Las cocinas de mi mami y de mi Tía Viña están cerradas, y solo ellas tienen las llaves.

Mi mamá vivía por fe. Luchó con Dios, y Él le permitió vivir para cuidar a sus hijos. "¡Yo vi al Señor!" decía. "Subí al cielo y le rogué que me dejara vivir, porque yo tenía hijos pequeñitos que aún me necesitaban." El mayor orgullo de ella era preparar una rica comida para sus pequeños. En aquella época, la comida hablaba más fuerte que la palabra. Sus voces resuenan a través de la comida. Cuando como lechón, oigo la voz de mi papá diciendo: "Éste pedazo para Doña Juana, éste para Doña María." Cuando saboreo un rico arroz con dulce, oigo a mi mamá preguntar: "¿Cómo está? ¿Le falta algo? Quizás más sal, o un poco de azúcar, o talvez más leche de coco. Dime Alba… dame el punto."

Hoy hablo yo del fondo de mi olla, que, aunque la he usado más de un cuarto de siglo, todavía resplandece más que una nueva; más que las ollas de mis tías, mis hermanas, o… de mi mami ausente. ¡Que cocineras tan admirables! Si, habla mami, mi alma escucha. Habla mami, anhelo tu voz escuchar.

Fuentes y Sabores

Salteñas

Ingredientes:

Relleno

-Margarina (3 cdas)
-Cebolla cortada (1 ¾ taza)
-Salsa de chile (1/2 taza)
-Sal, orégano, comino y azúcar (1 cdta de cada una)
-Carne magra cortada en cubitos (1 lb)
-Gelatina sin sabor (1 ½ cda) diluida en caldo de carne (1/2 taza)
-Patatas cocidas (1 taza)
-Guisantes verdes (1 taza)
-Pasas de uva (1 taza)
-Huevos hervidos y rebanados (3)
-Aceitunas negras rebanadas (10)

Masa

-Harina tamizada (6 tazas)
-Grasa animal (1/2 taza)
-Yemas de huevo separadas (3)
-Leche (1/2 de taza + ¼ de taza)
-Azúcar (1 cda)
-Agua fría (1 ¾ taza)
-Sal (1 cdta)

Instrucciones:

Relleno

Calentar la margarina en una sartén en fuego medio; saltear las cebollas. Agregar la salsa de chile, sal, azúcar, comino y orégano; mezclar bien.

Agregar los cubos de carne y cocinar hasta que esté tierna. Sacar del fuego, y agregar la mezcla de gelatina, las patatas y los guisantes.
Refrigerar una noche.

Masa

Tamizar la harina en un bowl y agregar la grasa animal. Agregar 2 yemas de huevo y ½ taza de leche, azúcar, agua y sal. Amasar, formar una bola y dejarla reposar 10 minutos.
Dividir la masa en 24 y formar pelotitas y amasarlas (1/8' -1/4' de grosor) sobre una base enharinada.
Sobre el centro de cada una, poner una cucharada del relleno; agregar un poco de pasas, aceitunas y huevo.
Combinar la yema que queda con ¼ de taza de leche; pincelar los bordes de la masa y doblarla a la mitad; sellarla presionando todo el borde.
Colocar las saltenas sobre una fuente engrasada y enharinada; pincelar con la mescla de yema y leche.
Hornear a 400f por 20 minutos. Servir calientes.

Carne guisada

6 Porciones

Ingredientes:

-Carne (2 lbs)
-Aceite (2 cdas)
-Ajo picado (2 dientes)

-Chiles grandes cortados (2)
-Cebolla pequeña, en rodajas (1)
-Canela (1 palito)
-Albahaca (1 hoja grande)
-Sal (1 cda)
-Tomillo (½ cda)
-Tomates cocidos y molidos (5)
-Agua (2 tazas)
-Salsa de tomate (3 cdas)
-Caldo de res (4 cdas)
-Papa cortada en cubitos (1)

Instrucciones:

En una olla normal grande, o en una a presión, sofría la carne en el aceite con el ajo, chila, cebolla, canela, albahaca, sal y tomillo. Cocine hasta que la carne se dore.
Añada los tomates y continúe cocinando a fuego mediano-bajo. Agregue suficiente agua sobre la carne para cubrirla, y luego añada la salsa de tomate.
Agregar el caldo y las papas. Tapar la olla. Cocinar hasta que la carne y las papas estén cocidas, y la salsa se haya espesado. Servir con arroz blanco y/o ensalada si se desea.

Fricasé de pollo (6 porciones)

Ingredientes:

-Pollo (3 lbs)

-Aceite (1/4 taza)
-Cebolla (1 grande)
-Pimiento (1)
-Ajo (3 dientes)
-Jugo de 1 limón
-Hojas de laurel (1)
-Sal (1-2 cdas)
-Comino (¼ cda)
-Azafrán o páprika (¼ cda)
-Pimienta negra molida (¼ cda)
-Agua (2 ½ tazas)
-Papas en cubitos (1 lb)
-Salsa de tomate (8 oz)
-Pasas (1/4 taza)
-Alcaparras (1/4 taza)
-Vino blanco (1/4 taza)
-Aceitunas verdes (1/4 taza)
-Guisantes verdes (1 taza)

Instrucciones:

En una sartén grande, dorar el pollo en el aceite; agregar la cebolla, pimiento y ajo. Cocinar hasta que las verduras estén cocidas.
Añadir el jugo de limón, laurel, sal, comino, azafrán, pimienta y agua; tapar y cocinar a fuego medio durante 20 minutos aproximadamente.
Agregar las papas y cocinar hasta que estén cocidas.
Quitar la piel y los huesos del pollo (si no se había hecho antes) y cortarlo en cubitos pequeños; volver a saltearlo.
Añadir la salsa de tomate, pasas, alcaparras, vino, aceitunas y guisantes. Cocinar a fuego lento por 10-15 minutos.
Quitar del fuego y servir con arroz, ensalada o plátanos.

Plátanos horneados

Ingredientes:

-Plátanos maduros (2)

Instrucciones:

Precalentar el horno a 350f. Lavar y secar los plátanos, luego cortar ambos extremos, y hacer un tajo a lo largo.
Colocar en una bandeja y hornear por 45 minutos (aprox.), hasta que el plátano esté blando.
Cortar cada plátano en 3, y servir con la cáscara.

Isla de frutas con canela y coco

Ingredientes:

-Papaya (1/2 taza)
-mango (1/2 taza)
-Ananá (1 taza)
-Jugo de maracuyá (1/2 taza)
-Almidón de maíz (2 cdtas)
-Canela (1/2 cdta)
-Hojas de menta (4 brotes)
-Coco tostado en hebras (1 cda)

Instrucciones:

Cortar todas las frutas en cubitos; mezclarlas.
En una olla, cocinar por 5 minutos a fuego medio el jugo de maracuyá, el almidón de maíz y la canela. Agregar las hojas de menta, y las frutas; incorporar. Dejarlo refrigerar por 24 horas. Retirar las hojas de menta
Servir con el coco tostado encima de la fruta.

Estofado de frijoles rojos

Ingredientes

-Frijoles rojos pequeños (1 lb)
-Agua (8 tazas)
-Salsa de tomate, sin sal (1/4 taza)
-Calabaza fresca en cubitos (1 ¼ taza)

Sofrito:

-Aceite vegetal (1 cdta)
-Cebolla picada finamente (1)
-Pimiento verde picado finamente (1)
-Chiles dulces, picado finamente (3)
-Dientes de ajo picados (2)
- Hojas de cilantro fresco (1/4 taza)
- Orégano seco, machacado (1/2 cdta)

Instrucciones

Lavar y escurrir los frijoles rojos secos. Colocar en una olla, cubrir con agua y remojar durante 8-12 horas. Escurrir los frijoles y colocar en una olla grande, pesado con 2 litros de agua. Añadir la calabaza, tapar la olla y llevar a ebullición. Ligeramente hacerla puré. Continuar a hervir a fuego medio durante 1 hora. Para preparar el sofrito, calentar el aceite vegetal en una olla pesada. Añadir los ingredientes y saltear durante aproximadamente 10 minutos, revolviendo ocasionalmente. Añadir el sofrito y la salsa de tomate a frijoles cocidos y la mezcla de calabaza. Cocer durante 30 minutos para permitir que la mezcla se espese, revolviendo ocasionalmente. Puede que tenga que añadir agua adicional; la mezcla debe estar húmeda.

Quingombó de gandules

Ingredientes

-Jamón serrano, picado finamente (2 oz
-Aceite vegetal (1 cdta)
-Colorante de achiote (1 cda) (si no está disponible, puede sustituir por el aceite vegetal mezclado con 1 cdta de pimentón o 1/4 cdta de azafrán)
-Tomate fresco, picado (1)
-Aceitunas españolas rellenas de pimientos (6)
-Alcaparras (1 cda)
-Salsa de tomate (1/4 taza)
-Gandules, sin sal (15 onzas)
- Arroz de grano largo (1 1/2 tazas)
-Agua (5 tazas)

Sofrito:

-Aceite vegetal (1 cdta)
-Cebolla picada finamente (1)
-Pimiento verde picado finamente (1)
-Chiles dulces, picado finamente (3)
-Dientes de ajo picados (2)
- Hojas de cilantro fresco (1/4 taza)
- Orégano seco, machacado (1/2 cdta)

Instrucciones

Sofrito:

En una olla grande y pesada, hacer el sofrito de jamón; dorar en aceite vegetal a fuego medio. Añadir achiote, orégano, el ajo, el pimiento verde, los chiles, el cilantro y tomate. Cocinar y revolver durante 10 minutos. Añadir las aceitunas, alcaparras y salsa de tomate al sofrito. Añadir gandules (sin escurrir), arroz y agua. Reducir el fuego a bajo y cocinar a fuego lento durante unos 20 minutos sin cubrir hasta que el arroz esté tierno, revolviendo ocasionalmente. La consistencia debe ser húmeda; puede que tenga que añadir agua durante el proceso de cocción. Servir inmediatamente.

Cocina Abilia

Pasteles de masa

Ingredientes:

-Guineos verdes (6 lbs.)
-Plátanos verdes (1)
-Yautías (3 lbs.)
-Calabaza (2 oz.)
-Carne de cerdo (3 lbs.)
-Aceite con achiote (3 cdas.)
-Sazón con achiote (a gusto)
-Sal (a gusto)
-Aceitunas (a gusto)
-Alcaparras (a gusto)
-Pasas (a gusto)
-Leche evaporada (a gusto)
-Papel de pastel y cordón
-Sofrito (cebolla, pimiento, ajicito, recao, cilantro)
-Agua (2 tazas)

Instrucciones:

Sofreír la carne en el aceite hasta que se le vaya lo crudo. Echarle sal, sofrito y sazonarlo. Dejarlo cocinar un rato.
Preparar aceite con achiote y echarle al sofrito con dos tazas de agua.
Guayar la vianda, y cuando esté guayada, tratar de unirla a paletazos. Echarle el líquido de la carne hasta que la masa esté blandita. Salarlo a gusto.
Poner en vasijas manteca con achiote, aceitunas y pasas.
Poner aceite con achiote en el papel de pastel, luego una

cucharada de masa y media de carne con caldito. Agregarle aceitunas y pasas, y envolverlo en el papel (¡importante! Dobla las orillas). Repite este proceso hasta que se termine la masa.
Amarrar los paquetes con el cordón y cocinarlos por una hora en agua hirviendo con sal.

Mofongo

Ingredientes:

-Plátanos verdes
-Ajos
-Chicharrón o tocineta
-Aceite de oliva
-Sal

Instrucciones:

Freír los plátanos. Aplastarlos, agregar el chicharrón o tocineta, ajo y aceite de oliva, y formar una montaña.
Servirlos solos o con salsa (a elección).

Habichuelas guisadas

Ingredientes:

-Habichuelas (15 oz.)
-Calabaza o papa (1)
-Sofrito (cebolla, pimiento, ajo, recao, cilantro)
-Sazón (1 paquete)
-Aceite (2 cdas.)
-Salsa
-Agua (1 1/2 tazas)

Instrucciones:

En una olla con tapa, colocar el aceite, el sofrito, la sazón y la papa/calabaza cortada en pedacitos.
Una vez que todo esté cocido, echarle la salsa y las habichuelas y el agua.
Dejar hirviendo hasta que se espese. Se le puede agregar jamón.

Pescado al escabeche

Ingredientes:

-Pescado
-Limón
-Sal y pimienta

-Ajo
-Huevo (1)
-Harina
-Aceite de oliva
-Cebolla

Instrucciones:

Lavar el pescado con limón, salpimentarlo y agregarle ajo molido.
Dejarlo ½ hora para que coja gusto.
Batir el huevo y remojar el pescado en él. Luego enharinar el pescado hasta que esté bien cubierto.
Colocar aceite en una sartén, y cuando esté caliente, freír el pescado. Una vez frito, dejar enfriar.
Partir la cebolla en rebanadas, y ponerlas en un tarro. Agregar una taza de aceite y ajo molido. Agregar el pescado. Salar a gusto.
Poner el tarro bien cerrado en la nevera por 2 o 3 días.

Arroz con gandules

Ingredientes:

-Arroz (2 tazas)
-Gandules (15 oz.)
-Sazón con achiote
-Jamón o chorizo
-Sofrito (2 cdas.)

-Aceite (2 cdas.)
-Salsa de tomate (2 cdas.)
-Agua (2 tazas)

Instrucciones:

Poner en un calderón mediano el aceite, el jamón o chorizo y el sofrito. Dejarlo cocinar un poco.
Agregar el arroz y el agua. Dejarlo cocinar hasta que se consuma todo el agua, entonces ahí taparlo hasta que se cocine.

Carne guisada (beef stew)

Ingredientes:

-Carne de res (2 lbs)
-Papas (2)
-Sofrito (cebolla, pimiento, ajo, ajicito, recao y cilantro)
-Salsa de tomate (1/2 pote)
-Sazón con achiote
-Aceitunas y alcaparras
-Sal a gusto
-Agua (2 tazas)

Instrucciones:

Sofreír la carne hasta que pierda el rosado. Echarle el sofrito, las aceitunas y alcaparras. Esperar un rato y echarle el agua.

Cuando la carne está blandita, poner la salsa de tomate y la sazón con achiote.
Dejar en la olla hasta que espese.

Sancocho

Ingredientes:

-Carne de cerdo
-Huesos
-Plátano verde
-Yautía
-Calabaza
-Malanga
-Apio
-Guineos verdes
-Ñame
-Sazón con achiote
-Sal a gusto
-Agua (2 Tazas)

Instrucciones:

Adobar la carne, y cocinarla con los huesos hasta que se le vaya lo rosado. Echarle el sofrito y dejar cocinar media hora más.
Después, echar la vianda ya cortada en pedazos, y el agua (más si se cree necesario).
Bajar el fuego. Guayar un plátano, quitarle el agua y adobarlo. Hacer bolitas y echarlas a la vianda (una vez que el

agua esté hirviendo).
Si se quiere dar color, poner salsa de tomate y la sazón con achiote.

Patitas de cerdo con garbanzos

Ingredientes:

-Patas de cerdo (2)
-Agua (3 ½ Tazas)
-Aceite (1 cda)
-Sofrito (cebolla, ajo, ajicito, recao, cilantro, pimiento)
-Papa (1)
-Salsa de tomate (1 cda)
-Garbanzos (1 pote)
-Sal a gusto

Instrucciones:

Tomar las patas de cerdo y cortar cada una en cuatro pedazos; ponerlas a hervir en 2 tazas de agua hasta que estén blanditas.
En una olla, poner el aceite, el sofrito, la papa cortada en pedazos pequeños y salsa de tomate.
En la misma olla, agregar los garbanzos (sin su líquido) y 1 ½ tazas de agua. Dejar hervir hasta que estén espesos (no dejar que se sequen). Salar a gusto.

Pasteles de yuca

Ingredientes:

-Yuca (6-10 lbs)
-Carne de cerdo
-Sofrito
-Pasas
-Aceitunas
-Aceite (3 cdas)
-Aceite con achiote.
-Sal
-Sazón
-Leche evaporada
-Manteca con achiote
-Papel de pastel
-Cordón
-Agua (3 Tazas)
-Azúcar

Instrucciones:

Guayar la yuca; sacarle el almidón con una toalla limpia. Echar el aceite a una olla con tapa. Colocar la carne hasta que quede rosada. Agregar sal, sofrito, sazón y el aceite con achiote; dejarlo cocinar 15 minutos más. Agregarle el agua. Poner la masa en una vasija y amasar hasta que se una. Incorporar la manteca con achiote y el caldo de la carne hasta que la masa esté blandita. Agregar una pisca de azúcar. Poner vasijas con aceitunas, pasas y aceite con achiote. Pintar el papel con aceite con achiote y agregar una cucharada de masa, y otra de carne, aceitunas, pasas y caldo de

carne. Atar con el cordón.
Repetir este proceso hasta que los ingredientes se terminen.
Hervir en agua con sal, y cocinar los pasteles por una hora.

Bacalao guisado

Ingredientes

-Bacalao (1 lb)
-Papa (1)
-Aceite de oliva (3 cdas)
-Cebolla (1)
-Pimiento (1/2)
-Huevo (1)
-Tocineta
-Sal y pimienta
-Salsa

Instrucciones:

Poner el bacalao a cocinar con la papa por media hora. Sacar el bacalao y ponerlo en agua fría hasta que se le vaya la sal.
Cortar la papa en cuadraditos y despedazar el bacalao.
Freír la tocineta.
Poner aceite de oliva en una sartén. Agregar la cebolla y el pimiento en pedacitos.
Una vez que el bacalao está bien blandito, sacarle todo el líquido y lo echarlo a la sartén de la cebolla. Agregar salsa, pimienta y tocineta.

Sofreír todo junto, batir un huevo y echarlo al bacalao, y dejarlo en la sartén hasta que el huevo se haya cocinado.

Alcapurrias

Ingredientes:

-Guineos verdes (6)
-Carne de cerdo (1lb)
-Aceitunas, sofrito y sal (a gusto)
-Aceite (para freír)

Instrucciones:

Guisar la carne.
Rayar los guineos y exprimirlos; agregarles un poco de caldo de la carne.
En un plato pequeño, poner una cucharada de la masa, una de carne encima y cubrirla con otra cucharada de masa.
Calentar el aceite y freir las alcapurrias.

Cocina Awilda

Arroz con coco

Ingredientes:

- Arroz (1½ taza)
-Coco seco (1 grande)
-Aguar caliente (¼ taza –para sacar la leche de coco pura y 3 ½ para sacar la leche de coco diluida)
-Sal (1 ½ cdtas)
-Canela (3 rajas)
-Jengibre fresco machacado (1 oz)
-Clavos de olor (6)
-Azúcar (2 ¼ tazas)
-Pasas remojadas (½ taza)

Instrucciones:

Remojar el arroz en agua (hasta cubrirlo) por 1 ½ horas.
Rallar el coco, añadirle ¼ de taza de aguar caliente y exprimirlo a través de un paño. Hacer a un lado (leche de coco pura).
En una cacerola, mezclar la cachispa de coco con 3 ½ tazas de agua caliente. Volver a exprimir con el paño (leche de coco diluida).
En un caldero, combinar la leche de coco diluida con la canela, el clavo de olor y el jengibre. Poner el fuego alto hasta que hierva y luego bajarlo, y tapar el caldero. Dejar así por 15 minutos.
Escurrir bien el arroz, incorporar al caldero y mezclar. Dejarlo hasta que el arroz se cocine.
Añadir azúcar y pasas; mezclar y cocinar a fuego bajo por 15 minutos más.
Agregar la leche de coco pura, mezclar y cocinar hasta que

se seque. Ocasionalmente revolver el arroz.
Saque las especias y vierta el arroz en un platón llano. Servir a temperatura ambiente.

Budín de coco

Ingredientes:

-Pan francés (1 lb)
-Mantequilla (2 oz/ 6 cdas)
-Huevo (2)
-Coco seco (1)
-Agua (1 ¼ taza)
-Azúcar (1 ½ taza)
-Sal (1 cdta)
-Canela en polvo (1/2 cdta)
-Clavos de olor (1/2 cdta)
-Leche evaporada (1 taza)
-Pasas (1 taza)

Instrucciones:

Remojar el pan hasta que se ablande. Exprimirlo bien y molerlo. Agregar mantequilla y mezclar.
Agregar los huevos de a uno y mezclar.
Rallar el coco, agregarle el agua y exprimirlo. Agregar esa leche de coco a la mezcla, con el azúcar, la sal, la canela, los clavos y la leche evaporada.
Acaramelar un molde redondo (9" de diámetro y 3" de alto).
Para hacer el caramelo echar ½ taza de azúcar a fuego bajo, hasta que tome color; luego echarla al molde.

Verter la mezcla de pan en el mole acaramelado, y hornearla a baño María por 1 hora. Otra forma de cocinarlo es hornearlo a 375F por 1 hora y luego subir a 400F por otra hora más.

Mampostial

Ingredientes:

-Coco rallado (1 ½ taza- bien comprimido)
-Melao (1 ½ taza)

Instrucciones:

Mezclar el coco y el melao, ponerlo a fuego moderado, y revolver constantemente hasta que se despegue bien del caldero. Retirar el caldero del fuego y vertirlo sobre una mesa engrasada. Cuando enfríe, cortar en cuadrados.

Tembleque

Ingredientes:

-Coco seco (1-grande)
-Agua caliente (3 ½ tazas)
-Maicena (1/2 taza)
-Azúcar (2/3 de taza)
-Sal (½ cdta)
-Agua de azahar (1 cda)

Instrucciones:

Abrir el coco, limpiarlo bien, secarlo y rallarlo. Agregarle el agua caliente y exprimirlo bien.
Colar la leche de coco (4 tazas- si falta, ponerle agua al coco y repetir el proceso).
En una cacerola grande, mezclar la maicena, el azúcar, la sal y el agua de azahar. Agregar poco a poco la leche de coco, y mezclar hasta que esté bien incorporado.
Ponerlo a fuego moderado-alto y revolver continuamente hasta que tome consistencia. Reducir el fuego mover hasta que espese y hierva.
Sacarlo del fuego y verter sobre un molde (6"x3") que haya sido mojado y escurrido.
Una vez que haya enfriado, vertir sobre un plato llano.

Flan de leche evaporada

Ingredientes:

-Azúcar (1 taza para acaramelar y 1 ¼ taza para el flan)
-Huevos (5)
-Leche evaporada (13 oz)
-Vainilla (1 cdta)

Instrucciones:

Calentar el horno a 350F, y acaramelar un molde (6"x8") poniendo 1 taza de azúcar sobre el fuego moderado hasta

que tome color. Cubrir todos los lados del molde con el caramelo.
En un bowl, mezclar los huevos, la leche evaporada, la vainilla y el resto de la azúcar; luego colar la mezcla.
Verter sobre el molde acaramelado, y hornear a baño maría (con agua caliente) por 1 hr 15 m, o hasta dorar.
Sacarlo del horno y dejar enfriar.
Volcarlo en un platón al momento de servirlo.

Familia y Canciones

November 8, 1992

Today's News

kim said," I went to the mall!"
I went to my cousin's house we saw a
mouse said Megan!" Alina said," Me and my
mom are going to get a job!" Kevin said,"
I played [illegible] my friend Jesse. Alina said,"
I [illegible] my dad [illegible]!" K[illegible] said,"
I [illegible] en drugs!" "Sam is New
in School said The class!" Sam said,"
I am new in school!"

by Alina Tavárez

La mejor abuela del mundo

Por Alina Tavarez (15 años)

Te amo tanto
Hemos estado juntas
Desde que nací
Ahora que estás a una hora
Y quince minutos
Se me hace difícil a mí
Extrañarte y esas cosas.

Siempre te he amado
Y siempre lo haré
No sé lo que haría
Sin ti.

Recuerdo que me leías
Me ayudabas a aprender
A atar mis cordones
Me hacías farina
Me llevabas al bingo
Cuando tenía tres
Lo recuerdo todo.

Te extraño tanto
Quiero que sepas
Eres la mejor abuela
Del mundo.

Día de la Madre

Por Ivelisse Tavarez (9 años)

No es solo en el Día de la Madre
Que a mamá le gusta una sonrisa especial
Aunque la tenemos en Mayo
No es solo en el Día de la Madre
Le gustan las cosas especiales que le decimos
¡Le gustan todo el tiempo!
¡No es solo en el Día de la Madre
Que a mamá le gusta una sonrisa especial!

La madre del emigrante

En un risueño puerto marino del sur de España,
y en una choza que se encontraba cerca del mar,
vivió una anciana que a todas horas estaba triste
mientras sus ojos escudriñaban la inmensidad.

Era una viuda pobre, muy pobre que tuvo un hijo
y mientras este se halló con fuerzas para luchar
cruzó los mares con la esperanza de hacerse rico
después que dijo que a su viejita no iba a olvidar

Pasaron meses, pasaron años, y llegó una carta
una carta sin emociones, corta y glacial
que dilataban las abyecciones de un miserable
que no recuerda las gratas horas del tierno hogar.

Su pobre madre le disculpaba con el trabajo
después pasaron algunos meses, y un año más
y ante el olvido cobarde y necio del hijo ingrato
ella decía cuan si en persona le fuera a hablar

¿Por qué no escribes a tu viejita que sufre y llora?
¿Por qué no alegras con tus palabras mi soledad?
Tú no comprendes que esas cartas tengan consuelo
o un sacro goce que en otra parte no he de encontrar.

Ay! si supieras los sufrimientos que me devoran
Si comprendieras lo que es la frase MATERNIDAD,
Adoptarías los más sublimes procedimientos
Y calmarías mis inquietudes y mi pesar...

Vuelve a escribirme, prenda del alma, yo te perdono;
Yo no te pido que tú me mandes un capital;
Háblame siempre de tus victorias o tus fracasos
Y en vez de insomnios, tendré suprema tranquilidad

La fresca brisa lleva el mensaje para otras playas:
Llego a un suburbio donde moraba la suciedad,
Y vio al infame que profesaba todos los vicios
Y renegaba de aquella madre toda bondad.

Ante aquel cuadro volviese roja la fresca brisa,
Adquirió formas y brillo altiva como un puñal,
Cual si quisiera pasar el pecho de aquel villano
Que despreciaba lo que una fiera sabe adorar.

Tal vez la brisa contó a la anciana la triste nueva.
Y una mañana cuando a la playa se fue a esperar,
Tubo un delirio... Creyó dar besos al hijo amado.
Y en ese instante le abrió sus puertas la eternidad

Si lloras

Si lloras porque
Has perdido
El sol

Tus lágrimas
No te permitirán
Ver las estrellas

Un alto en el bosque mientras nieva

Por Robert Frost

Creo saber de quién es este bosque
-En el poblado su morada veo-
No habrá de sorprenderme contemplando
Cubrir su bosque el invernal blanqueo.

Mi caballito se dirá extrañado
Que, sin granja cercana, hemos parado
De este año en la tarde más oscura,
Entre el bosque y el lago congelado.

Sacudiéndose, agita su cencerro
Preguntando quizá: -¿será algún yerro?
Sólo el cierzo y los copos rumorean
Blandamente del bosque en el encierro.

Yo, el bosque hondo y fusco veo risueño...
Mas, en cumplir promesas tengo empeño,
Y millas debo andar antes del sueño,
Un largo andar para llegar al sueño.

Mi vida di por ti

Himnos de Fe y Alabanza #112

Mi vida di por ti, mi sangre derramé,
La muerte yo sufrí, por gracia te salvé,
Por ti la muerte yo sufrí, ¿Qué has dado tú por mí?
Por ti la muerte yo sufrí, ¿Qué has dado tú por mí?

Mi celestial mansión, mi trono de esplendor,
Dejé por rescatar al mundo pecador;
Sí, todo yo dejé por ti, ¿Qué dejas tú por mí?
Sí, todo yo dejé por ti, ¿Qué dejas tú por mí?

Reproches, aflicción, y angustia yo sufrí,
La copa amarga fue que yo por ti bebí;
Insultos yo por ti sufrí, ¿Qué sufres tú por mí?
Insultos yo por ti sufrí, ¿Qué sufres tú por mí?

De mi celeste hogar te traigo el rico don;
Del Padre, Dios de amor, la plena salvación;
Mi don de amor te traigo a ti, ¿Qué ofreces tú por mí?
Mi don de amor te traigo a ti, ¿Qué ofreces tú por mí?

Nunca, Dios mío, cesará mi labio

Himnos de la vida cristiana #16

Nunca, Dios mío, cesará mi labio
De bendecirte, de cantar tu gloria,
Porque conservo de tu amor inmenso
Grata memoria.

Cuando perdido en mundanal sendero,
No me cercaba sino niebla oscura,
Tú me miraste, y alumbrome un rayo
De tu luz pura.

Cuando inclinaba mi abatida frente
Del mal obrar el oneroso yugo,
Dulce reposo y eficaz alivio
Darme te plugo.

Cuando los dones malgasté a porfía,
Con que a mi alma pródiga adornaste,
“Padre he pecado”, con dolor te dije,
Y me abrazaste.

Cuando en mis propios méritos fiaba,
Nunca mi pecho con amor latía;
Hoy de amor late, porque en tus bondades
Sólo confía.

Y cuando exhale mi postrer aliento
Para volar a tu eternal presencia,
Cierto hallaré con tu justicia unida
Dulce clemencia.

Cristo fiel te quiero ser.

Himnos de Fe y Alabanza #281

I

Cristo fiel te quiero ser, dame el poder, dame el poder;
Yo contigo quiero andar, sin vacilar, sin vacilar.

Coro

En tus pasos quiero seguir, cerca de ti, cerca de ti.,
y si encuentro pruebas aquí dame confianza en ti.

II

Con Jesús yo quiero hablar, sólo con él, sólo con él;
Paz y gozo yo tendré, al ser le fiel, al ser le fiel.

III

Dame ardiente corazón, lleno de amor, lleno de amor;
Y tu espíritu Señor, como guiador, como guiador.

IV

Cada día quiero hacer, tu voluntad, tu voluntad,
y servirte a ti Señor, en humildad, en humildad

Oh cantádmelas otra vez

Himnos de la vida cristiana #229

¡Oh, cantádmelas otra vez!
Bellas palabras de vida;
Hallo en ellas mi gozo y luz,
Bellas palabras de vida.
Sí, de luz y vida
Son sostén y guía;

Coro:
¡Qué bellas son, qué bellas son!
Bellas palabras de vida,
¡Qué bellas son, qué bellas son!
Bellas palabras de vida.

Jesucristo a todos da
Bellas palabras de vida;
El llamándote hoy está,
Bellas palabras de vida.
Bondadoso te salva,
Y al cielo te llama;

-Coro-

Grato el cántico sonará,
Bellas palabras de vida;
Tus pecados perdonará,
Bellas palabras de vida.
Sí, de luz y vida
Son sostén y guía;

-Coro-

Las mañanitas del rey David

Estas son las mañanitas que cantaba el rey David
a las muchachas bonitas se las cantamos así,

despierta mi bien despierta mira que ya amaneció,
ya los pajarillos cantan la Luna ya se metió,

qué linda está la mañana en que vengo a saludarte,
venimos todos con gusto y placer a felicitarte,
el día en que tú naciste nacieron todas las flores
y en la pila del bautismo cantaron los ruiseñores,
ya viene amaneciendo ya la luz del día nos dio,
levántate de mañana mira que ya amaneció,

si el sereno de la esquina me quisiera hacer favor
de apagar su linternita para que bese a mi amor,
ahora sí señor sereno le agradezco su favor
encienda su linternita que ya ha pasado mi amor,

Estas son las mañanitas que cantaba el rey David
Hoy como es día de tu santo te las cantamos aquí.

quisiera ser un rayito para entrar por tu ventana
y darte los buenos días acostadita en tu cama,
quisiera ser un San Juan, quisiera ser un San Pedro
y venirte a saludar con la música del cielo,
ya viene amaneciendo ya la luz del día nos dio,
levántate de mañana mira que ya amaneció,
con jazmines y con flores hoy te vengo a saludar,
Hoy por ser día de tu santo te venimos a cantar.

Tu cumpleaños

Qué lindo está el firmamento las aves
cantando dulces melodías,
anuncian con alegría que ha llegado
el día de tu cumpleaños,
nosotros te felicitamos y alegres
venimos a cantarte a ti,
pidiendo al todo poderoso que pases
un día próspero y feliz...
En este día glorioso lleno de recuerdos gratos,
tus amigos te desean felicidad en tu santo
y al cielo todos pedimos llenos de sinceridad,
que pases un feliz año de dicha y prosperidad.

Hazme una fuente de bendiciones

Himnos de vida cristiana #255

Hay corazones a tu alrededor
Tristes, cansados, sin paz
Dales consuelo que alivia el dolor
Torna su llanto en solaz

Coro:
Hazme una fuente de bendiciones
Y que fulgure Cristo en mí
Hazme un testigo, te ruego Señor
Y un fiel obrero de mi Salvador

Cuenta la historia de Cristo y su amor
Y de su cruz el poder
Muestra en tu vida que tu redentor
Ha transformado tu ser

Pon de tu fe la virtud en acción
Ama cual Cristo te amo
Sé fiel y emplea en tu santa misión
El don que el cielo te dio

Cómo vivimos

Correrán y no se cansaran
Sin fatiga han de andar
Correrán y no se fatigaran

Si puedo ayudar a alguien

Si puedo ayudar a alguien
Como puedo viajar a lo largo de
Si puedo ayudar a alguien
Con una palabra o una canción
Si puedo ayudar a alguien
Desde hace mal
Mi vida no será en vano.
Mi vida no será en vano
Mi vida no será en vano
Si puedo ayudar a alguien
Mientras estoy cantando esta canción
Mi vida no será en vano.

¡Oh! Yo quiero andar con Cristo

Himnos de Fe y Alabanza #219

Oh yo quiero andar con Cristo
Quiero oír su tierna voz,
Meditar en su palabra
Siempre andar de el en pos:
Consagrar a él mi vida,
Cumplir fiel su voluntad,

Oh si yo quiero andar con Cristo
Oh si yo quiero vivir con Cristo
Oh si yo quiero morir con Cristo
Quiero serle un testigo fiel.

2da estrofa
Oh!, yo quiero andar con Cristo,
Él vivió en santidad,
En la Biblia lo leo
Y yo sé que es la verdad.
Cristo era santo en todo el cordero de la cruz;
¡Oh!, yo quiero andar con Cristo.

De mi senda él es la Luz dejare el perverso mundo
Y cargar aquí mi cruz.
Este mundo nada ofrece
Cristo ofrece salvación;
Y es mi Única esperanza
Gozar vida eterna en Sion

www.ingramcontent.com/pod-product-compliance
Lightning Source LLC
Chambersburg PA
CBHW060848270326
41934CB00002B/44

* 9 7 8 9 8 7 3 3 8 8 6 7 5 *